meu tamanho é
IMENSIDÃO

Bárbara Marca

Meu tamanho é imensidão © Bárbara Marca 07/2021
Ilustrações © Bárbara Marca 07/2021
Edição © Crivo Editorial, 07/2021

Edição e Revisão: Amanda Bruno de Mello
Ilustração da Capa: Gabi Costa
Projeto gráfico e diagramação: Lila Bittencourt
Agente Literário / Curador: Fernando Suhet
Produção: Deborah Rocha
Coordenação Editorial: Lucas Maroca de Castro

Dados Internacionais de Catalogação na Publicação (CIP) de acordo com ISBD

M313m   Marca, Bárbara

               Meu tamanho é imensidão / Bárbara Marca : ilustrado por Bárbara Marca. - Belo Horizonte, MG : Crivo Editorial, 2021.
               170 p. ; 13,6cm x 20,4cm.

               Inclui índice
               ISBN: 978-65-89032-21-2

               1. Literatura brasileira. 2. Poesia. I. Marca, Bárbara. II. Título.

                                      CDD 869.1
2021-2460   CDU 821.134.3(81)-1

Elaborado por Vagner Rodolfo da Silva - CRB-8/9410

Índice para catálogo sistemático:

        1. Literatura brasileira : Poesia 869.1
        2. Literatura brasileira : Poesia 821.134.3 (81)-1

Crivo Editorial
Rua Fernandes Tourinho, 602, sala 502
30.112-000 - Funcionários - Belo Horizonte - MG

🌐 www.crivoeditorial.com.br
✉ contato@crivoeditorial.com.br
f facebook.com/crivoeditorial
📷 instagram.com/crivoeditorial
🌐 crivo-editorial.lojaintegrada.com.br

AGRADECIMENTOS

Eu não poderia deixar de agradecer aos que estiveram sempre ao meu lado, apoiando minhas descobertas através da escrita, meus projetos, minhas loucuras. Agradeço aos amigos que me cobraram o nascimento deste livro quando eu mesma duvidei. Às mulheres que me antecederam e alargaram os espaços para que hoje eu estivesse aqui. Camila, Lua, Marla e Gabi, amigas que a palavra me deu, obrigada por todo o amor que sempre me oferecem e por aceitarem o convite de serem parte desse sonho comigo, amo vocês. Amanda, Lila, Déborah e Lucas obrigada por trazerem esse livro ao mundo comigo. Suhet, obrigada por acreditar em mim e pelos puxões de orelha. Gre, Monika, Aninha e Débora, obrigada por me lembrarem do meu tamanho e da importância de uma rede de apoio, vocês são importantes pra mim. Mãe, Paty, Lucas e Noam, vocês são a maior poesia que eu poderia viver, eu amo vocês com todas as minhas forças. Ao meu avô, que me ensinou mais sobre poesia do que eu jamais poderia aprender nos livros. À minha avó Maria D'arc, que foi poesia encarnada nesta terra. Aos leitores que sempre me apoiaram, vocês me motivam e me incentivam a seguir, diariamente. A você que está lendo este livro agora, você é parte disso. Obrigada. Um xêru.

PREFÁCIO

Marla de Queiroz

Se toda busca viesse com o endereço do encontro, talvez a travessia não sangrasse, não nos deixasse perdidas, sedentas, famintas, amando quem não nos ama, perdoando quem não nos respeita, protagonizando outras pessoas em histórias que nos pertencem. Mas talvez não nos buscássemos se a perda de nós mesmas não doesse tão fundo a ponto de nos querermos de volta. Talvez não houvesse a riqueza do crescimento que nasce da dor que precede a cura, que pretende a autocura.

Em seu livro de estreia, Babi sussurra tesão, desejo e suspira amores desencontrados. Mas fala muito alto quando reivindica o respeito e a liberdade, que toda mulher tem por direito, de ser e estar plena no mundo, no gozo. É um livro que se desenha sobre as curvas de um corpo, de um caminho e do amor que, às vezes torto, se perde no Outro para retornar a si mesmo e se tornar amor-próprio.

Babi nos fala sobre seus voos e mergulhos necessários para exercer a mulher-pássaro-oceânica. Sobre a sua dança com as próprias sombras na mata fechada, de peito aberto. Sobre palavras flechadas e fogueiras acesas iluminando páginas exaustivamente preenchidas para, simplesmente, dizer que não é não.

Este é um livro que exalta a mulher profana que também é sagrada e celebra a bruxa que se libertou dos contos de fadas. É um livro sobre a mulher que, consciente da sua potência, acolhe suas vulnerabilidades e ultrapassa os espinhos do silenciamento, do medo e da dor. E emerge das profundezas de suas águas para ressurgir munida de autorrespeito e para se desprender da censura. Guiada pelos seus instintos, abandona espaços estreitos e canaliza toda a sua força para ocupar a imensidão.

Este livro é sobre buscas e possíveis caminhos. Dentro dele, ela, em sua dança solitária, poeta que também é musa, nos seduz e convida a compor a ciranda:

Mulheres, descalcem os pés e deem-se as mãos!

Soraia, Patrícia, Lucas e Noam
Vocês me fazem imensa
diariamente

PÉS DESCALÇOS

descalce e limpe
os pés para
entrar
que a terra
do meu coração
é
sagrada

pôr os pés em quem sou. enraizar. sujá-los com
o barro vermelho da minha essência. enxergar o
caminho através da sola do pé descalço. sentir
pedras. pisar espinhos. ser meu caminho. preciso tirar
os sapatos apertados pelo cabimento, desgastados
pelo querer de terceiros e esparramar os dedos no
chão. relaxar os músculos tencionados pelo aperto.
sentir a terra. a grama. a mim. enxergar-me norte
para enfrentar o caminho de volta às minhas origens.
preciso engrossar a pele fina dos meus calcanhares.
calejar o membro que me sustenta a vida. deixar
que doa o que tiver de doer para suportar a jornada.
firmá-los à minha substância. voltar à terra de onde
fui arrancada. ao meu alicerce. à minha natureza.
de onde jamais deveria ter me afastado. a dor é
curativa. não sou, hoje, a mesma que acabará a
jornada da busca. a todo instante do caminho mudo.
planto. rego. dou fruto. que eu seja quantas forem
necessárias. nunca é tarde para retornar a mim.

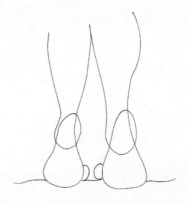

a missão que carrego
na vida
não pedi
recebi
no ventre
antes mesmo
de chegar aqui
ser mulher
veio antes
de mim

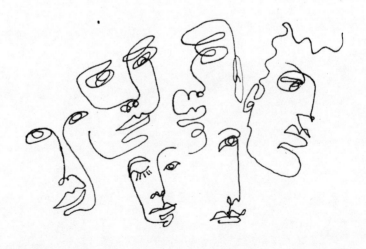

não precisamos competir umas com as outras
não precisamos diminuir umas às outras
não precisamos nos comparar umas com as outras
não precisamos duvidar umas das outras
não precisamos temer umas às outras
não precisamos invejar umas às outras
não precisamos esconder conquistas umas das outras
não precisamos depreciar umas às outras
não precisamos menosprezar umas às outras
não precisamos esconder nossos amores umas das outras
não precisamos ocultar nossas dores umas das outras
não precisamos ser fortes todo o tempo umas diante das outras
não precisamos
não

    precisamos acolher umas às outras
    precisamos respeitar umas às outras
    precisamos acreditar umas nas outras
    precisamos apoiar umas às outras
    precisamos conversar umas com as outras
    precisamos levantar umas às outras
    precisamos chorar umas com as outras
    precisamos nos abrir umas com as outras
    precisamos nos alegrar com as conquistas umas das outras
    precisamos admirar umas às outras
    precisamos abraçar umas às outras
    precisamos lutar umas pelas outras
    precisamos
    precisamos
    precisamos
    precisamos umas das outras

a menor
distância
entre duas pessoas
é um
cordão

umbilical

seja livre de tudo o que te aprisiona
corra, cante, dance, grite
chore e ria ao mesmo tempo
seja o que você é por dentro
você é bem maior
do que pensa
é água
fluida
como rio
cujo curso ninguém é capaz de impedir
infiltrando-se pelas frestas
ultrapassando obstáculos
corra para o mar
é impossível conter
o oceano

esquecem
que é impossível aprisionar
a mulher que carrega
dentro
a liberdade

todos viemos de um mesmo lugar

útero

e para o mesmo lugar voltaremos

útero
da terra

Corro
para alcançar
a mulher
que perdi
no
caminho
Corro
de
pé
no
chão
Corro
no
talo
do
fôlego
Corro
apesar da fraqueza da força
atravessando meus espinhos
sangro

Corro

minha vida depende desse encontro

tirei os medos que me vestiam
amarrei minhas inseguranças
umas às outras
dei um nó de apertar com o dente
taquei gasolina
ateei fogo
e celebrei a liberdade
dançando
em volta da fogueira

quero beijar os olhos
de quem me enxergar
para além do que ouso mostrar

o medo consome quem não conhece o lado selvagem
da mulher. sua força bruta. seu desejo feroz. sua
segurança assusta. todos sempre tão acostumados
com quem deseja agradar fazendo-se presa. que a
grandeza de quem é o que é apavora. predadora.
a mulher interior tem fome e se alimenta de seus
próprios impulsos. nada é capaz de impedi-la quando
deseja encontrar-se. ninguém pode detê-la quando
se apropria do seu próprio querer. o mundo teme a
mulher que se sabe. ele nos quer fracas. perdidas.
desencontradas da nossa essência. a fragilidade
permite o domínio. no entanto, quando você conhece
os seus próprios caminhos ninguém pode fazer
com que se perca. ninguém é capaz de te desviar
de suas rotas. nem dos seus objetivos. o medo
consome aquele que se depara com a mulher que
conhece o caminho de volta a si mesma. ele que se
roa inteiro. todas somos essa mulher vasta do lado
de dentro. procure por ela. olhe-a com amor. acolha
seu descabimento. ela é a sua força. foi ela quem te
trouxe até aqui.

que meus olhos sobre mim
sejam de amor

DEUSA. RAINHA. PODEROSA.
DESEJÁVEL. ESPIRITUOSA.
ESPLÊNDIDA. FORTE. INTELIGENTE.
GENTIL. SAGAZ. DONA DE SI.
ÍMPAR. LINDA. VERDADEIRA.
GOSTOSA. EVOLUÍDA.
MARAVILHOSA. SINGULAR. DIGNA
DE SER AMADA. GRANDIOSA.
TRABALHADORA. ÚNICA. DIGNA
DE SE AMAR. INSPIRADORA.
ENGRAÇADA. VALENTE.
RESISTENTE. MAIOR. DIGNA DE
SER FELIZ. VITAL. LOUVÁVEL.
RELUZENTE. INTERESSANTE.
PROFUNDA. ESPECIAL. SEXY.
VENCEDORA. IMPORTANTE.
PORRETA. TALENTOSA.
MERECEDORA. CORAJOSA.
AUTÊNTICA. SEDUTORA. BELA.
CATIVANTE. DIVERTIDA. GENIAL.
ENCANTADORA. FASCINANTE.
GENUÍNA. IRRESISTÍVEL. LIVRE.
POTENTE. HUMANA. IMENSA.

@babiemversos

tive um encontro comigo
na floresta do peito
minha mata fechada
sagrada
densa
lugar onde existo em essência
abracei minhas sombras
colhi minhas lágrimas
desnudei-me
dei-me as mãos e dancei
preparei unguentos
tratei machucados
é para os meus braços que corro
quando estou ferida

a cura existe
dentro de mim

fêmea
selvagem
faminta
à caça
de mim mesma

se for me admirar
que seja pelas minhas cicatrizes
algumas dessas feridas
quase me mataram
mas sobrevivi a todas

não quero apenas poemas
que falem de amor
minha mãe
lutar pra vencer na vida
criar 3 filhos
sobreviver a uma relação abusiva
também são matéria de poesia

tenha *juízo*
pregam
enquanto
me acossam na rua
dizem que sou maluca
encaram minha bunda
levantam minha saia
gritam comigo
me sarram no coletivo
se dou, sou puta
se não dou, frígida
dizem que não posso
dizem que não devo
puxam meu cabelo
me jogam contra o espelho
no mesmo cargo ganham mais dinheiro
me privam de direitos
me matam na frente dos meus filhos

tenha *juízo*
eles dizem
enquanto destroem o meu

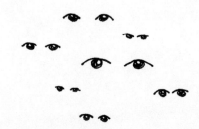

escuta
seu corpo
grita
confia
no que o instinto diz
na voz que sussurra
dentro
sinta os caminhos
com as mãos
a pele
os pés
percorra-se
desbrave seus impulsos
ninguém é mais confiável
a seu respeito
do que você

Davi matou um Golias
mas nós precisamos matar vários
todos os dias
e haja pedra
e força no braço
pra derrubar
escalar
e cortar
as cabeças
de todos eles

manter-me viva
em um mundo
que foi criado para gigantes
cansa

respeito
não existe para a mulher
respeitam o homem que está ao lado da mulher
não a mulher sem o homem ao lado
respeitam
o corpo
do homem
a roupa
do homem
a fala
do homem
a posição
do homem
o sexo
do homem
o desejo
do homem
mulher
não
precisa
de respeito
só de peito
bunda
e silêncio

que direito?
nascer mulher
é só ter obrigações
é dar sem receber
e dar
e dar
e dar
sem gozar
dar mais
e gemer
o prazer que nem sente
a gente é treinada
de pequena
na arte de fingir
finge sorriso
finge não ter medo na rua
finge não ser

homem nenhum quer mulher que é
homem quer mulher que dá
dá o que ele quer
dá casa
dá seio
dá buceta
dá ventre
dá a alma e a vida inteira
mas não dá trabalho
não pensa
não fala
que direito?
direito pra quê?
direito é pra quem é gente

mulher é coisa

suas mãos
sobre ela

é tudo o que consigo lembrar
os gritos
as lágrimas
o choro dos meus irmãos
e meus braços apavorados segurando a porta

suas mãos
sobre ela

foi tudo que vi pela fresta
foi tudo o que vi por muitos anos
era tudo o que via quando te olhava
ainda estou presa naquele quarto
ainda tenho medo das suas mãos
se fosse possível eu voltaria àquela noite
arrombaria a porta
a tomaria em meus braços
a salvaria
e me salvaria

suas mãos

fizeram aquela noite
pesar sobre meus ombros
por toda a vida

se meus gritos
te apavoram
você ainda não ouviu
meu silêncio

CONFIA
NO
INSTINTO

@babiemversos

miserável
com as tetas caídas
e a cara engelhada
segue a velha
que deu toda a vida
a quem não lhe deu nada

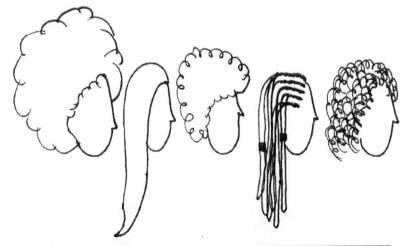

eu te amo
ele disse

e para mais outras 15

eu te amo
disse

pedindo perdão aos prantos
pela mão marcada no braço

eu te amo
ele disse

socando a parede
jogando o celular no chão

eu te amo
disse

dizendo que não aconteceria de novo
sobre o tapa na cara

eu te amo
disse

acreditou

ensinaram desde sempre
mulher acredita
entende
aceita
perdoa

eu te amo

ele disse

e antes do tiro
foi a última coisa que escutou

FAÇO
DE MINHAS
ALGEMAS
PALAVRAS
LIBERTADORAS

@babiemversos

o mundo insiste
em pesar o corpo sobre meus ombros
caídos
murchos
doloridos
o mundo se joga sobre mim
sobre o meu colo
dentro do meu ventre
ele me arranca a vida
a roupa
os sonhos
a igualdade
me rouba a infância
e insiste que eu o carregue nas costas
o mundo me exige tudo
sem oferecer nada em troca
sequer um gole d'água
no calor da fogueira
tudo o que me permite
é sempre dizer sim
mas não
hoje não
e amanhã também não mais
dessa vez eu viro cinza
poeira
fumaça
mas o NÃO
ele não me arranca dos lábios

sou a incógnita
do que poderia ser
um pingo da vida
que você não viu
aquele sorriso que jamais existiu
sou o frio na barriga
na hora da chegada
a lágrima que jamais escorreu
no abraço de despedida
um suspiro não dado
em plena madrugada
sou o medo de, talvez, não ser
e a certeza de que aquele era o caminho
o despertar de pálpebras noite adentro
sou o que nunca fomos
nem jamais seremos
sou a saudade que você vai levar pra sempre
e a certeza de que estarei
assombrando seus pensamentos
eternamente

existo
de fato
apenas em um lugar
secreto
sagrado
escondido
dentro de mim

parir-me
parto dolorido
esse ir a mim mesma
atravessar sombras guardadas
deixar pra trás quem não sou
até exaurir a força
na contração da despedida
deposito a esperança
em poder agarrar-me a mim
em poder ter-me no colo

dar à luz essa que trago dentro
arrancá-la do ventre
botá-la no peito
e ensiná-la da vida

já me amaram de menos
por isso eu amo demais
já conheci a dor que há na falta de amor
então
prefiro transbordar
escolho entregar logo tudo o que existe em mim
essa avalanche de emoções incontida
essa minha confusão sem fim
permitir que quem se aproximar
me conheça inteira
em toda a minha loucura e paixão
jamais vou oferecer aquilo que não me serviria:
o raso das emoções

que me conheçam
que permaneçam ou não
mas que eu nunca mais me contenha
pra tentar me fazer caber em algum coração

ame-se
a ponto de lutar pra ser quem você é
ame-se
a ponto de não desistir de si mesma
ame-se
a ponto de chegar aonde você deseja
ame-se
até que se amar não te exija mais nenhum esforço

eu grito
a poesia que existe em mim
para reunir meus cacos
para me refazer das cinzas
para recriar minha carne
para recobrir meus ossos
para eu renascer da morte
quantas vezes
a palavra
me permitir

mergulhar na minha própria imensidão
conhecer minhas sombras
desbravar a profundidade que me engole inteira
quantas existem dentro de mim?
até onde o fôlego me permite chegar?
quantos navios naufragaram nessas águas?
quantos piratas navegam esses mares?
quantos náufragos estão esquecidos em minhas
ilhas?
devorei mundos inteiros
num bater de cílios
escorri por entre dedos
de outros
dos meus
dos teus
sou aquilo que ninguém contém
nem eu mesma

caminho adiante
e só sigo pra trás
por mais que eu corra
tentando fugir de nós
tropeço nos laços
ainda presos em mim
não desatados
incrustados
entranhados n'alma
o que sou tem muito de você
e quase nada de mim
sou inteira lembrança tua
do teu riso,
dos teus olhos,
do teu cheiro,
do teu beijo,
do teu gosto
te levo comigo
aqui, bem junto ao peito,
sem conseguir largar
você é minha ferida aberta
exposta
em carne viva
que eu insisto em
não deixar cicatrizar

água
sustenta a vida no ventre
protege a criança
ainda sem nome
mundo fluido que conheci
antes da vida
corre por todo meu corpo
se me perco
me grita de volta
nela me encontro
nela me torno
se me encostas
nela me achas
liquefaço-me
e fluo ao teu encontro
no prazer
escorre pelas pernas
na dor
salga a vista
na fome
escorre pelos lábios
e na sede
se esconde da língua
volto ao ventre
sempre que mergulho
o corpo
na água
a mulher que sou
em mim

nada me serve
nem eu mesma
todos os dias são iguais
me tornei pequena
e minha cama é maior do que eu
ela me engole
pessoas me dão calafrios
mas eu sorrio
– sempre sorrio
guardo pra mim meus monstros de estimação
ninguém sabe o que passa cá dentro
e por preguiça de explicar
eu minto
já é noite?
nem percebi...

um dia
eu fujo
daqui
do caixote socado
desse riso forçado
do sutiã apertado
um dia
eu fujo
dessa sala de tortura
da fachada
do fundo desse poço
e vou
descobrir quem sou
de verdade

quando esse dia chegar
não procurem por mim
não procurem por essa
que conheceram
pensando ser eu

+ AMAR

+ AMOR

+ AMAR-SE

@babiemversos

as gerações que carreguei no ventre
dei à luz com dores de parto
deitei sobre meu ombro cansado
dei o leite do peito doído
entreguei as horas
minhas noites de sono
dei minha própria existência
o abraço
o corpo
o colo
a vida
o que ganhei em troca
por parir o mundo?
por nascer mulher?

não me venha com essa cara de alegria
sorrindo de dentes à mostra
escorrendo da boca palavras bonitas
quando o que escorre pelas valas da história
é o sangue vermelho
daquelas que perderam a vida
não me venha com conversa mole
quando o que preciso é de postura firme
diante do carrasco
que dia após dia ateia fogo à fogueira
queimando as bruxas, as loucas, as putas
nem as santas e recatadas
escapam das labaredas
alto lá!
não venha de gracejo
quando sigo o cortejo fúnebre de minhas irmãs
velando as cinzas das que me antecederam
respeita a lágrima, o choro contido
respeita também o grito
daquela que tem peito
pra botar a cara à tapa e dizer:
– basta, agora chega!
a hora já passou faz tempo
de você entender que ser forte cansa
mas mesmo esgotadas
pela labuta e prole
seguimos obstinadas na luta
saiba que enquanto você nos sorri
descalças em volta de cada fogueira acesa
de mãos dadas
queimando os pés no braseiro
a gente canta
dança
geme
e ri

CORAÇÃO NAS MÃOS

sentir demais em um mundo que cauteriza o peito é meu desafio. tudo percebo ao toque da pele. tudo sinto com as vísceras à mostra. sou assim: dada ao exagero. não tenho vergonha de rasgar o peito e esfregar o coração inteiro ainda batendo na cara de quem me palpitar o dorso do desejo. de quem me despertar o gostar adormecido. já tive. mas esse peso eu não carrego, não mais. quero mesmo é dar-me ao mundo e recebê-lo de corpo inteiro. não quero o cabimento das emoções contidas. não quero passar pela vida sem que ela me atravesse todos os dias. preciso da poesia que vive debruçada sobre o pouso da borboleta. o pássaro canta e a lágrima me salta da vista. o sol me beija e minha alma arrepia. você me olha e já nem estou mais viva. se não for assim, morri faz tempo e nem sabia.

até um arranhão
pode ser
perigoso demais
na pele de quem
se rasga
inteira
com facilidade

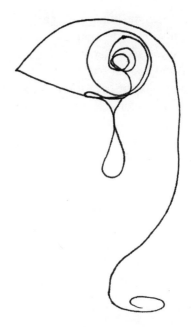

vou guardar os livros e dedicatórias
guardarei cada foto
o cheiro do beijo
e o sabor do sorriso
serei saudade por muito tempo
serei folha caída voando ao vento
serei hiato
vou torcer pra ninguém aparecer tão cedo
e vou me agarrar com unhas e dentes ao nosso retrato
te verei nas esquinas da cidade errada
e tropeçarei em você ainda algumas vezes
vou me pegar chorando no metrô
vou me pegar quase te ligando de madrugada
vou me pegar imaginando tudo o que você deve
                                        estar fazendo agora
e vou me punir por isso
e vou brigar comigo
e vou sorrir forçadamente pra quem me cruzar o caminho
vou apertar o passo
e correr até exaurir minhas forças
vou gastar o fôlego que tenho pra fugir de voltar
                                        pro lugar de onde saí
pro momento em que te disse adeus
pro instante em que eu vi tudo ruir
e vou correr um pouco mais pra não lembrar do
                                nosso primeiro encontro
nem do primeiro beijo
nem da primeira vez que você me disse eu te amo
vou correr até minha mente parar de me autossabotar
até que me vença o cansaço
e, mais uma vez, eu parto
pra sobreviver eu preciso partir

parto

e te arranco
nem que seja a fórceps
de dentro de mim

lamber
feridas
até que
a alma
regenere

esses versos
falam de um grande amor

o
meu

por
mim

como um buraco negro
devoro tudo ao meu redor
meus finais são começos
desconheço-me
não sei meu tamanho
não sei minha própria imensidão
sei que sou enorme
mas não tenho ideia do quanto
sei que mudo
a todo tempo sou outra
absorvo partículas invisíveis
daqueles que me cruzam o caminho
não guardo coisas
guardo imagens sensações texturas cores
coleciono aquilo que ninguém vê
aquilo para o que ninguém olha
aquilo no qual o olhar de ninguém se demora
guardo timbres
sussurros
risos
guardo o torto
o disforme
o desalinhado da alma
você nem reparou mas
nos últimos 2 minutos
devorei um pedaço da sua
e deixei um fragmento da minha no lugar
sou troca
trocada
trançada por entre tantas vidas
não sou a aranha
sou a teia que te prende
que te enrola
sou aquilo do que você não escapa

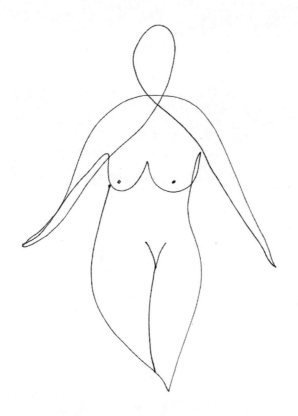

quero quem me sinta e me faça sentir
mais com a alma
menos com as mãos

SOUTANTAS

SOU TANTAS
E SEREI
OUTRAS MAIS

@babiemversos

acordei com sede
de me conhecer
a garganta seca de vontade
de mim
um desejo insaciável de
ser
o que me der na telha
o que me der tesão
abro a torneira
pra eu jorrar da nascente
e beber-me direto
da fonte
molho o corpo
mergulho a cabeça
de roupa e tudo
afundo na essência fluida
preenchendo meus espaços
antes esvaziados
acordei sedenta
e sem a menor pretensão
de me saciar

grande demais para o que você me oferece
não encaixo
não sei brincar dessa coisa de me fazer caber
você botou o mundo aos meus pés
logo os meus
que não foram feitos pra pisar o chão
eu que nasci pra ter a cabeça
e o coração nas nuvens
meus pés foram feitos para pisar estrelas
não suporto prisões
por maiores que sejam
me ofereceu o mundo
logo a mim
que crio universos com as mãos

entenda
eu não sou de ninguém
nem minha
não sei pertencer
como pertencem os pingentes às correntes
as tarraxas aos brincos
meus pés descalços ao chão
sei ser
apenas
e sendo
deito e rolo na cama que faço
brinco com os dedos
com a língua
enlaço a vida com as pernas
e a mato de cansaço
posso ficar uma hora
uma noite
um dia
talvez fique um pouco mais
ou acorde amanhã cedo
vista a roupa de ontem
e desapareça
sem deixar um bilhete
ou dizer tchau

minha boca
é profana
profanada
desceu à terra
e não quis saber de mais nada
lábios sempre úmidos
molhada
tenho duas bocas
uma que fala e cala
outra que incendeia

ofereço-as quando tenho vontade
gosto das conversas demoradas
e de correr às más línguas
as boas não me entretêm por tempo suficiente
quando uma tagarela
eu paro
ouço
quando a outra grita
eu clamo
peço socorro
já não me pertencem
dei-as ao mundo
que prazer
é nascer mulher
e ter tantos lábios
que digam por mim

carrego luz e sombra
me vejo nos detalhes
no defeito
em me permitir ser imperfeição
miudezas me fazem
inteira
é no fundo do abismo
que cresço
tenho medo
de muitas coisas
mas os monstros que vivem em mim
não me assustam mais

ame-se
tão intensa e profundamente
a ponto de não aceitar menos
de mais ninguém
inclusive de você

sempre te encontro
pelas esquinas
das ruas
da vida
do poema
dos olhos
do meu corpo

escrever sobre você
é algo que faço sempre
te escondo em um sujeito oculto
poucos sabem que
você é meu monstro
de estimação
assombração minha
de toda a vida

te amei o quanto pude
até o limite de me amar

desajeitada. com você não sei onde colocar as palavras. qualquer gesto seu e eu gargalhada. não sei se jogo os verbos molhados sobre a cama ou se os penduro na cadeira. não sei por quanto tempo fico. se vou embora logo. se permaneço a semana toda. queria conseguir ler suas entrelinhas. a forma como não dobra a camisa. o jeito com que rega as plantas. seu preparo meticuloso do café. tudo em você me grita algo que eu não consigo traduzir. mas gosto. você me chama e me repele ao mesmo tempo. eu não resisto. nem sei como agir. fico aqui abobalhada apenas querendo estar perto. queria ser seu pé roxo de batata doce ou sua hera. hoje você acordou mais cedo e ficou me vendo dormir. nem me mexi pra não afugentar a cigarra cantando nos seus olhos. bicho mais inútil. a partir de hoje é o meu preferido dentre todos os animais.

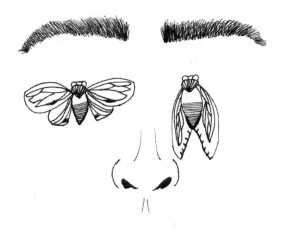

guardei minha melhor parte
meu fruto doce
o melhor de mim
pra quem ousasse
cruzar minhas estradas
e desbravar meus lugares
desconhecidos
guardei minha melhor parte

e

me dei de presente

meu fruto
eu mesma comi

abro os braços
qualquer som
é música
para os meus pés
para o meu corpo
para os meus cabelos
levanto as mãos
rodo a saia
rodo o riso
piso largo
dou o passo
musicado
pra dentro de mim
de quem sou
sou ar
sou água
meu corpo levita
qualquer som é música
pra quem tem
o espírito
livre
e sede de
viver-se

te quero
perto
a ponto de
desmentirmos
as leis da
física

já calei tanta coisa nessa vida
que hoje em dia
nenhum *cale-se* me serve mais

minhas dores
e tristezas
integram minha força
ser forte
não é ignorar
o que me
desmonta
é abraçar
o que trago de vulnerável
e acolher
essa mulher
humana
que mesmo chorando diariamente
a dor de suas feridas
não deixa de avançar
sou forte
sim
ainda que
partida

me arrepiar a pele é fácil
quero ver conseguir me arrepiar o coração

posso me dar
a meio mundo
e, ainda assim, não pertencer a ninguém
posso sorrir e gargalhar
enquanto por dentro sou pranto
consigo fingir que sigo
mas só eu sei há quanto tempo minto
permaneço parada no mesmo lugar
acham que me conheço
mas não reconheço essa
que todos os dias pela manhã
vem no espelho me encarar

eu queria ter o poder
de entrar na minha mente
e te arrancar com as mãos de lá
começaria pelas lembranças
te lavaria da memória
arrancaria com pinça
qualquer resquício seu deixado pelo caminho
depois te procuraria feito louca
por cada quarto escuro
em cada um desses meus cantos abandonados
e daria um jeito de te expurgar de mim
após a faxina eu iria até meus ouvidos
e gritaria por horas, meses, anos
que me esqueci de você
e ficaria lá
nem que eu levasse uma eternidade inteira
pra me convencer

conto de fadas da modernidade
muito esforço
sorrisos
conversa vai conversa vem
dias passam
conversa vai conversa vem
nude vai conversa vem
conversa vai ela vem
tudo bom
jantar bom
beijo bom
sexo bom
tchau
tudo certo
risos
conversa vai e vem
conversa vai ele vem
papopapobeijobompaposexotambém
eles se dão bem
ninguém quer nada além
conversa vai conversa não vem
ela oi tudo bem
ele silêncio
silêncio
silêncio
sumiço

nunca mais se falam
nunca mais se veem

poderia passar horas te falando
sobre o grande amor da minha vida
mas você não aguentaria por tanto tempo
me ouvir falar de mim

TALVEZ
ESSE SEU CAOS
SEJA O QUE
FALTE
DE CERTO
NO MUNDO

@babiemversos

nua
danço
com as palavras
não ditas
asas
que me levam
direto ao
inferno

escrevo
porque às vezes
preciso gritar
sem acordar a casa
nem os vizinhos
preciso morrer um pouco no papel
para estar viva
leio
porque preciso saber
que nesse mundo
não sinto sozinha

a dor do outro
consola a minha
toda madrugada
os livros na casa tomam vida
toda madrugada
ouço minha estante
ela geme
chora
ri
grita
e sangra
apenas eu vejo
apenas eu escuto
apenas eu sinto
toda madrugada
somos apenas nós
eu e, na estante, dezenas
como eu

não tenho medo de ser imperfeita
tudo no mundo está em processo de evolução
apenas abraço com carinho
e sorrio
pra essa mulher no espelho
que rala os joelhos e tropeça todos os dias
sem deixar de levantar do chão

traga à superfície
a mulher que resiste dentro de você
ela já está nas profundezas
há tempo demais
ninguém sobrevive sem conseguir
respirar

botar um ponto
mesmo que por dentro
ainda não tenha chegado ao final

vivo
pra me equilibrar
na ponta
do amor
palavra que
só faz sentido
à beira do abismo

não sei ser outra coisa
além dessa
que se esparrama
por onde encontra espaço
me dou inteira
sem medos
nem fingimentos
se quero
falo
se não quero
também digo
não finjo
tesão
nem sentimento
não faço jogo
eu sou ruim nisso
de fingir ser quem não sou
nessa coisa de disfarçar
o que me explode o peito
quero mais é que
me rasgue o coração
as entranhas à mostra
arrepios na espinha
poder ser fraca sem medos
ser de alguém sendo minha
quero a exaustão da entrega
as delícias que só a verdade
mais profunda
sobre mim mesma
é capaz de proporcionar

na sua boca
tenho muitos nomes
use o que preferir
apenas saiba que
incendeio
correndo
quando seus lábios
chamam por mim

não quero ser sua dona
desejo apenas
todo o fôlego
dos teus pulmões
empenhado em
ocupar
com meu nome
o vão
entre sua língua
e o céu da boca

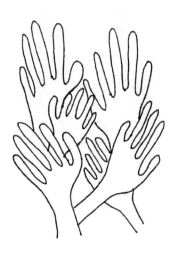

seus olhos
de me tragar a alma
de me sugar a vida
e o corpo
e de beber minha saliva
não precisam de muito
basta uma fração de segundo
deitados sobre mim e
me despem os medos
inflam de coragem meu seio
me fazem saltar do penhasco

eu

que
d
o

pelos seus olhos
caio em
que
d
a
li
vr
e
e agradeço

seus olhos

agora
tão meus
amanhã
tragarão outra

nunca me olharam assim
tão fixamente
parece que seus olhos
me engolem o ar
gosto de segurar sua mão
e do modo como
nossos dedos encaixam
me fazendo sentir que voltei
ao meu lugar no mundo
cheiro de café
banho quente
o dia todo na cama
tudo com você é poema
do beijo
às plantas

vida chata a de quem não quebra a cara
de quem não sente
não sofre
não chora
não ama
nem parece gente
tediosos dias
de apenas existir
cumprindo horários
expectativas
e escovando os dentes
não consigo
não quero isso pra mim
que eu sangre até a morte
de tanto arrancar o coração do peito
e dar na bandeja de presente
pra quem me atravessa os olhos
pra quem me arranca sorrisos
pra quem me arrepia os pelos
prefiro
viver morrendo
de tanto sentir
do que passar
pela vida

PISAR NUVENS

dou-me ao incerto
meu corpo é ar
espaços não me limitam
ofereço à vida aquilo que quero receber
e imensidão é tudo o que tenho pra dar
o chão já não me comporta
meus pés foram feitos para o céu
nasci pra pisar nuvens

na mesma proporção em que me pertenço
sou tua
minhas mãos, meus olhos
o ritmo da minha respiração
é tudo teu
tudo me vem de ti
e volta a ti
pertenço-me na mesma proporção
em que a ti me entrego
aprisiono-me a ti ao passo que me liberto
já rodei um mundo buscando encontrar uma razão de
ser pra mim
mas foi esbarrando no teu riso
que tropecei
na coisa mais bonita que já vi

nada me cabe
nem eu mesma

transbordo

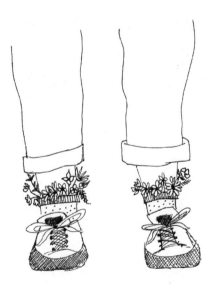

já disse teu nome
3 vezes
em frente ao
espelho do banheiro
e nada
de você aparecer

não subestime a sua capacidade de se reconstruir

quando eu não esperava nada
a vida veio com tudo
me atropelou
na mão
taça de clericot
beijo calmo
mesa meia-luz e flor
sem tempo de olhar estrelas
borboletas em revoada no estômago
servi minha cabeça na bandeja
e o resto do corpo inteiro
feito manjar
dos deuses
sobremesa antes
jantar pra quê?
fomos a refeição completa
e eu que partiria às 21h de sexta
fiquei
até não ter mais ar
até secar a saliva
até a manhã de segunda

há encontros eternizados
no brilho do vagalume
que atravessa o jardim

você pediu uma página
dei-te um verso
não preciso de muito
pra dizer o que sinto
quando meus olhos gritam
tudo o que em uma folha
você não seria capaz de ler

abra a porta
e eu entro
nem bato
tiro o sapato
adentro
faço minha a sua casa
abro a geladeira
bebo o que tiver na frente
deito no sofá
conto piadas sem graça
e vou ficando
pro café
pro jantar
pro resto da vida

aviso:
se abrir a porta
eu entro...

QUE EU NÃO PERCA
ESSA MANIA
DE ENXERGAR
COM OLHOS BONS
A VIDA

@babiemversos

eu faria de tudo
escalaria do seu umbigo
até o topo da cabeça
te desmancharia
em cafunés
línguas
de maré cheia
te lamberiam
as pernas
o meio dos dedos
as escápulas
até terremotos
derrubarem prédios
construiria pontes
entre universos
paralelos
conversaria com extraterrestres
e aprenderia a linguagem das plantas
aprenderia a andar de bicicleta
pra te acompanhar
enfrentaria meu medo de ondas
me equilibraria por horas na bakasana
faria
qualquer coisa
se você
ao menos
soubesse

meu nome

menti

ao dizer adeus
descaradamente menti
até fui
não te vi mais
segui
dei-me a outros amores
mas
apesar de ter ido
permaneço
aí

me ganha
no ato
quem é autêntico
quem é exatamente aquilo que é
quem não se esconde
por trás de uma perfeição inexistente
quem se mostra
defeituoso
errado
estranho
assim de cara
me tem na palma das mãos
eu não resisto
à verdade de uma fraqueza confessa
eu não me nego
à verdade da lágrima caída
os perfeitos que se enganem entre si
gosto mesmo
é de gente moída
que apesar de tudo
ainda ousa sorrir pra vida

eu te quero
em todas
as suas
versões

não penso em um amor
que caiba em toda a vida
desejo toda a vida
que couber
em um
amor

VIVER É SOBRE SER
RECOMEÇO
ATÉ O FIM

@babiemversos

a gente não dançava mais
e de não dançar
não pisava no pé
e já ninguém ria
não tinha tropeço
você não fazia careta
eu não derramava o vinho
não tinha toque
não tinha momento
não tinha memória
e por não ter memória
a gente já não fazia sentido
e sem sentirmos
fomos indo
até
um dia
já não estarmos mais
aqui

te amar é a melhor coisa que me acontece todos os dias

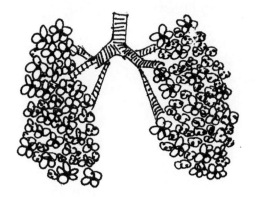

acolher a mulher que você é
suas dores e aflições
lembre-se da menina que lutou
pra te trazer até aqui
perdoe-se
e não se cobre tanto
ela fez o que podia
com as ferramentas que teve à disposição
não permita nunca mais
que seus medos e inseguranças
te façam sentir menor
do que é
grandes mulheres caminham
de mãos dadas
com suas fragilidades

se a correnteza
do riso for forte
permita-se
amar

gosto do gosto do beijo demorado
o que não tem pressa de ir
e fica até se fincar em mim
o beijo que beija a boca
e beija a alma ao mesmo tempo
esse beijo que é eternidade
liberdade e livramento
beijo bom é esse dado com carinho
acompanhado de um eu te amo
sussurrado baixinho
é esse beijo nosso que de tão nosso
faz parte da gente

já era você muito antes de sermos nós

rasgue-se inteira
sinta
nada é mais forte
do que a mulher
que sente

não troque quem te alma
por quem só te cama

QUEIRA QUEM VÊ BELEZA NO CAOS EM VOCÊ

@babiemversos

comigo não tem essa de *não repara a bagunça em mim*
repara sim
repara muito
analisa bem
porque se quiser morar em mim
vai ter que saber lidar com ela...

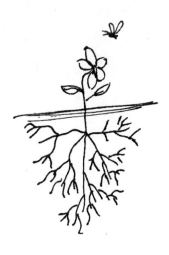

ser você mesma
lhe cai tão bem

ela é louca
da alma arranca-nos a roupa
com apenas um demorar de olhos
beija-nos a boca
ela é louca
e nos enlouquece com ela
aprisiona nossos medos
faz-nos viver de amores
ela é louca
vê o mundo com os olhos de dentro
prefere o que lhe palpita o peito
e ama sem perda de tempo
louca
e livre do que aprisiona
o mundo não é capaz
de conter seu espírito
seu riso nos enlaça
ela não pertence
não se curva
ela é inteira
nesse mundo
que nos parte

seja
aquela pessoa
que deixa
saudade
e
depois
volta
para matá-la

que a minha
loucura
me
(e)leve

me abraça
antes que não tenhamos mais como
antes que não façamos mais sentido
antes que chegue o amanhã
atropelando nosso presente
trazendo sob as asas o futuro incerto
me abraça
me prende a você
na eternidade dos segundos
enquanto ainda somos nós
enquanto o fim não nos enlaça
antes de sermos só lembrança
daquilo que não somos mais
me abraça
enquanto suas mãos ainda me alcançam
e o calor pode ser sentido
antes que a lágrima encontre o chão
e o adeus seja dito
me abraça
me faz ficar
me faz esquecer
me faz tentar outra vez
antes de nos tornarmos
completos desconhecidos

te ofereci o céu
mas você teve medo
de tirar os pés do chão

vem cá,
me deixa te abraçar
e beijar seus medos
até que brote em você
a coragem de outra vez
sorrir

nem quando estive aos cacos
deixei de ser inteira
eu sou assim
me entrego a tudo o que me toca
vou derramando minha essência
pelos caminhos que sigo
lanço meu corpo no mundo
sem pensar duas vezes
me dou

que o mundo me atropele
me engula
me parta
mas que eu viva
inteiramente
tudo o que decidir viver
menos que isso
e não seria tanto
menos que tanto
e não seria eu

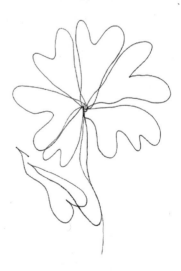

eu gosto
gosto do teu riso frouxo
do teu cabelo bagunçado de manhã
das manchinhas no teu rosto
eu gosto
gosto dos pontinhos coloridos nos teus olhos
da barba por fazer
de sentir a sua respiração
eu gosto
do cheiro do teu beijo
do teu abraço apertado
de te ver sorrir
eu gosto
acima de tudo de te gostar tanto assim
e de saber que você também
gosta esse tanto de mim

que lindo seria viver
a sua loucura
de mãos dadas com a minha

o mundo não pode engolir aquela que sabe seu próprio tamanho

a gente até muda de lugar os móveis
compra novos livros
muda o cabelo
as roupas
o gosto pelas coisas
a gente muda os sonhos
a música favorita
e escolhe outro melhor sabor de pizza
muda os quadros
troca os porta-retratos
do peito pra fora
a gente até consegue
se livrar
dos rastros
de um grande amor
só que o coração
não dá pra arrancar do peito

foi pra sempre
do momento que te vi
em diante

"pra sempre" é algo que acontece, assim, de uma hora pra outra. de repente. num cruzar de olhos. na gargalhada depois da piada ruim. num esbarro. a gente não vê o momento em que chega, nem repara e, quando percebe, ele já estava ali há tempos... já era o o sorriso favorito, a vontade de ligar e contar a novidade, o desejo de sentar do lado e só ficar sem dizer nada... como se apenas existir bastasse. e basta. e dá um frio na barriga quando a gente nota, um arrepio na espinha, uma vontade de chorar e rir ao mesmo tempo. é uma alegria que já estava perto e do nada te abraça. é se molhar na chuva num dia quente. entrar na cachoeira depois de uma trilha pesada. se pegar hipnotizada pelo pôr-do-sol presa no trânsito da cidade. é congelar essa fração de segundo e morar nela dali em diante. uma coisa é certa: tudo muda na vida e as nossas histórias podem encontrar o fim, mas o que foi "pra sempre" um dia nunca deixará de sê-lo. os "pra sempre" não deixam de existir em nós. mesmo que você não viva essas histórias, eles estarão sempre ali... aquela sensação de eternidade suspensa em algum lugar guardado na memória.

sinto falta de muitas coisas
menos de quem eu era
antes de
me conhecer

você pergunta como fazer pra me ganhar
te digo:
não é preciso muito para que meus edifícios
desmoronem
basta o perfume do teu riso
e meus sonhos se lançam aos teus pés
só preciso que a pele da tua voz macia
me acaricie os ouvidos
para que eu te trance promessas
e te entregue na bandeja
a vida que nem mesmo por mim
vivo

não quero promessas
quero o hálito matinal na intimidade
dos beijos de bom-dia

quem me vê hoje
borboleta
não sabe daquilo que enfrentei
lagarta
nem do tempo em que fui
casulo

acordei com ressaca de você
de nós
tudo está ao avesso
meus pés flutuam nas nuvens
e minha cabeça foi de encontro ao chão
um aperto no peito
me faz sentir livre
me dói a alma
e o restante de mim precisa
de mais uma dose
ou duas
de você...

– adicta

ABRACE
OS RECOMEÇOS
DOS DIAS
DAS SEMANAS
DAS COISAS
OS SEUS

@babiemversos

há dias em que os cabelos
pedem vento
noutros
dedos

de tanto tropeçar
acabei caindo
em mim

eu não queria encontrar ninguém
seguia bem o meu curso
até acordar ao seu lado
e tudo em mim
ser paz
ali eu percebi

me fodi

se você me ligasse agora
às 3 da madrugada de quinta
eu já deitada
levantava e ia
acho que isso diz muito sobre
gostar de alguém

pouco
diz tanto
sobre nós
quanto as saudades
que
omitimos

deitada lendo
o pensamento te alcança
mas me arrasto de volta
ao poema
e ao silêncio do quarto

o poema
e o silêncio
me lembram você

e isso é barulho demais
pra eu conseguir dormir

jogar para o alto os medos
tirar os pés do chão
louco é quem não se permite viver
aquilo pelo que
pulsa o coração

sou medida por pequenezas. coisas pequenas me fazem grande. eu sou um universo em expansão sem fim. reunião dos fragmentos de uma explosão. crio e recrio minhas estrelas. sou luz e sombras. mundos ainda inexplorados. sou feita de miudezas. de poeira galáctica. de terra. de sorrisos tímidos e lágrimas ferozes. dou-me de corpo e alma inteiros. recebo o que e quem me cruzar o caminho. procuro a poesia das partículas dançantes de pó atravessando os raios do sol. quero devorar o mundo com o peito. viver intensamente as emoções que me rasgarem. sou esse pingo enorme de gente que insiste em acreditar na força transformadora que o amor tem. e amo. com a intensidade da urgência. como se hoje fosse o único tempo que tenho... o que, de fato, é.

meu tamanho é
imensidão

POSFÁCIO
Camila Santos

A cada página que eu virei, aceitei sem receios cada convite feito. Mergulhei em mim mesma, me descobri, me conheci mais um pouco e me reconheci em tantos versos. Me vi liberdade, me senti mãe, me vi filha, amiga, guerreira, deusa e fortaleza em forma de mulher.

Cada poesia lida era como olhar um espelho, em cada palavra consegui ver nitidamente meu reflexo.

Até um arranhão
Pode ser
Perigoso demais
Na pele de quem
Se rasga
Inteira
com facilidade.

Os versos nos levam a uma caminhada adorável, despem de forma doce e ao mesmo tempo amarga toda a nossa jornada.

Não existe terminar esta leitura do mesmo tamanho que começamos...

Meu tamanho agora é imensidão.

Neste livro foram utilizadas as fontes Nunito, League Gothic e Lora. Sua capa foi impressa em papel Cartão Supremo 250g e seu miolo em papel Pólen Soft 80g. Livro impresso em agosto de 2021 pela Crivo Editorial.